Impressum
Verlag: BABADADA GmbH, Nedderfeld 112 , 22529 Hamburg
Geschäftsführer / Verlagsleitung: Harald Hof
Druck: Books on Demand GmbH, In de Tarpen 42, 22848 Norderstedt

Imprint
Publisher: BABADADA GmbH, Nedderfeld 112 , 22529 Hamburg, Germany
Managing Director / Publishing direction: Harald Hof
Print: Books on Demand GmbH, In de Tarpen 42, 22848 Norderstedt

σχολείο
სკოლა

σχολική τάξη
საკლასო ოთახი
διαιρώ
გაყოფა
186/2
πίνακας
დაფა
δάσκαλος
მასწავლებელი
σχολική αυλή
სკოლის ეზო
χαρτί
ქაღალდი
γράφω
წერა
στυλό
კალამი
γραφείο
მაგიდა
χάρακας
სახაზავი
βιβλίο
წიგნი
μαθητής
მოსწავლე

σχολική τσάντα
ზურგჩანთა

κασετίνα/ μολυβοθήκη
პენალი

μολύβι
ფანქარი

ξύστρα
ფანქრების სათლელი

γόμα
საშლელი

μπλοκ ζωγραφικής
ნახატების ალბომი

ζωγραφική

ნახატი

πινέλο

ფუნჯი

κουτί χρωμάτων

საღებავის ყუთი

ψαλίδι

მაკრატელი

κόλλα

წებო

τετράδιο ασκήσεων

სავარჯიშო რვეული

εργασία για το σπίτι

საშინაო დავალება

12

αριθμός

ნომერი

2+2

προσθέτω

დამატება

5-2

αφαιρώ

გამოკლება

2×2

πολλαπλασιάζω

გამრავლება

υπολογίζω

გამოთვლა

A

γράμμα

წერილი

ABCDEFG
HIJKLMN
OPQRSTU
VWXYZ

αλφάβητο

ანბანი

hello

λέξη

სიტყვა

κείμενο

ტექსტი

διαβάζω

წაკითხვა

κιμωλία

ცარცი

μάθημα

გაკვეთილი

εγγράφομαι

რეგისტრაცია

τεστ

გამოცდა

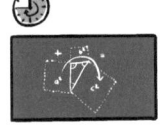

πιστοποιητικό

სერტიფიკატი

μαθητική στολή

სკოლის ფორმა

εκπαίδευση

განათლება

εγκυκλοπαίδεια

ენციკლოპედია

πανεπιστήμιο

უნივერსიტეტი

μικροσκόπιο

მიკროსკოპი

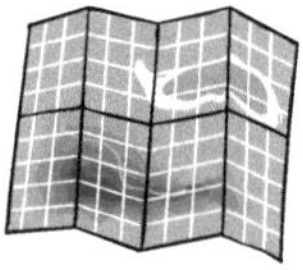

χάρτης

რუქა

καλάθι αχρήστων

კალათა ნარჩენი ქაღალდებისათვის

ξενοδοχείο
სასტუმრო

Grand

ξενώνας
ჰოსტელი

ROOMS

ανταλλακτήρια συναλλάγματος
ვალუტის გადაცვლის პუნქტი

EXCHANGE

βαλίτσα
ჩემოდანი

αυτοκίνητο
მანქანა

γλώσσα
ენა

ναι / όχι
კი / არა

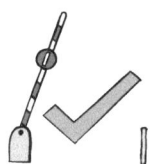

εντάξει
კარგი

γεια σου
გამარჯობა

μεταφραστής
მთარგმნელი

Ευχαριστώ
გმადლობთ

πόσο κάνει ;

რა ღირს... ?

Δε καταλαβαίνω

ვერ გავიგე

πρόβλημα

პრობლემა

Καλησπέρα!

ალამო მშვიდობისა!

Καλημέρα!

დილა მშვიდობისა!

Καληνύχτα!

ღამე მშვიდობისა!

Αντίο

ნახვამდის

κατεύθυνση

მიმართულება

αποσκευές

ბარგი

τσάντα

ჩანთა

σακίδιο πλάτης

ზურგჩანთა

καλεσμένος

სტუმარი

δωμάτιο

ოთახი

υπνόσακος

საძილე ტომარა

σκηνή

კარავი

τουριστικές πληροφορίες

ტურისტული ინფორმაცია

παραλία

სანაპირო

πιστωτική κάρτα

საკრედიტო ბარათი

πρωινό

საუზმე

μεσημεριανό

ლანჩი

δείπνο

ვახშამი

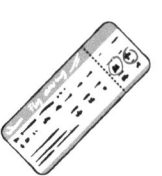

εισιτήριο

ბილეთი

ανελκυστήρας

ლიფტი

γραμματόσημο

საფოსტო მარკა

σύνορα

საზღვარი

τελωνείο

საბაჟო

πρεσβεία

საელჩო

βίζα

ვიზა

διαβατήριο

პასპორტი

μεταφορά
ტრანსპორტი

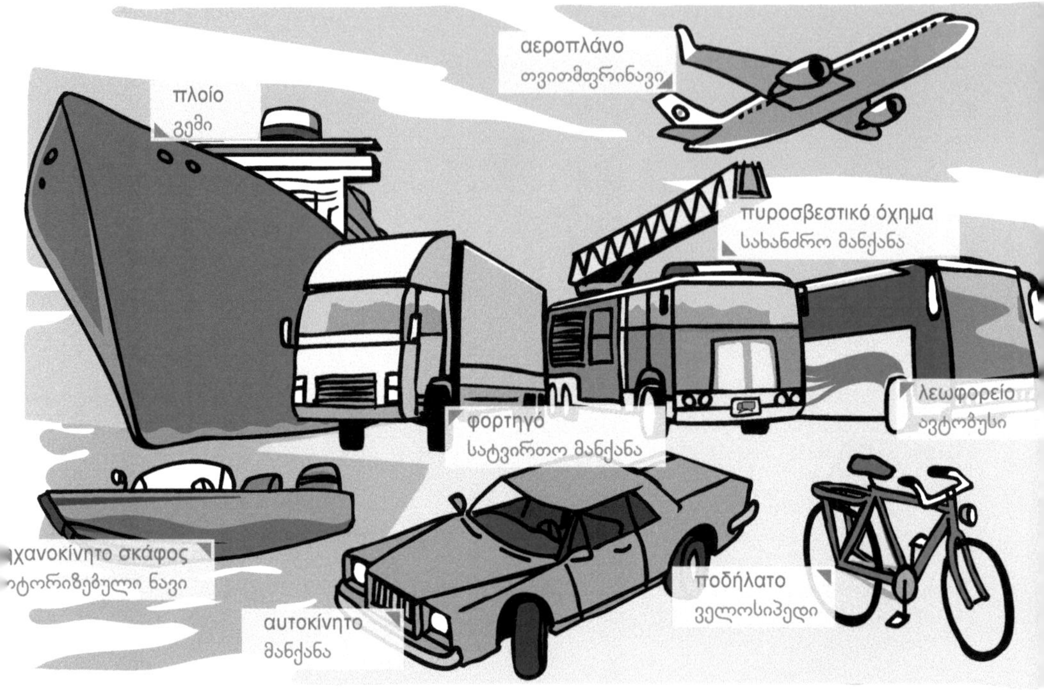

αεροπλάνο
თვითმფრინავი
πλοίο
გემი
πυροσβεστικό όχημα
სახანძრო მანქანა
λεωφορείο
ავტობუსი
φορτηγό
სატვირთო მანქანა
ηχανοκίνητο σκάφος
ოტორიზებული ნავი
ποδήλατο
ველოსიპედი
αυτοκίνητο
მანქანა

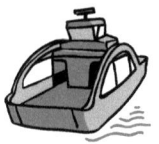

φεριμπότ

ბორანი

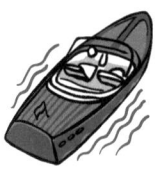

βάρκα

ნავი

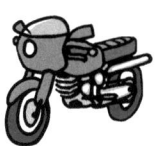

μοτοσικλέτα

მოტოციკლი

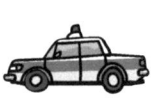

περιπολικό

პოლიციის მანქანა

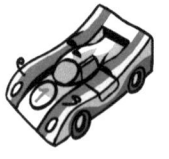

αγωνιστικό αυτοκίνητο

სარბოლო მანქანა

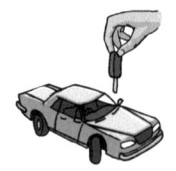

ενοικιαζόμενο αυτοκίνητο

დაქირავებული მანქანა

διαμοιρασμός αυτοκινήτων

მანქანის ერთობლივი
მოხმარება

γερανός

საბუქსირე მანქანა

απορριμματοφόρο

ნაგვის მანქანა

κινητήρας

ძრავა

καύσιμο

საწვავი

βενζινάδικο

ბენზინგასამართი სადგური

πινακίδα σήμανσης

საგზაო ნიშანი

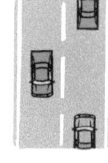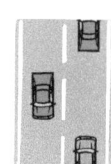

κυκλοφορία

მოძრაობა

κυκλοφοριακή συμφόρηση

საცობი

χώρος στάθμευσης

მანქანის სადგომი

σιδηροδρομικός σταθμός

მატარებლის სადგური

σιδηροδρομικές γραμμές

ლიანდაგები

τρένο

მატარებელი

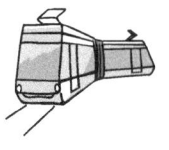

τραμ

ტრამვაი

βαγόνι

ვაგონი

μεταφορά - ტრანსპორტი

ελικόπτερο

ვერტმფრენი

αεροδρόμιο

აეროპორტი

πύργος

კოშკი

επιβάτης

მგზავრი

εμπορευματοκιβώτιο

კონტეინერი

χαρτοκιβώτιο

მუყაოს ყუთი

καρότσι

ურიკა

καλάθι

კალათა

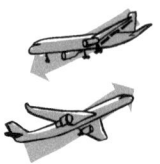

απογειώνομαι / προσγειώνομαι

აფრენა / დაშვება

πόλη
ქალაქი

χωριό

სოფელი

κέντρο της πόλης

ქალაქის ცენტრი

σπίτι

სახლი

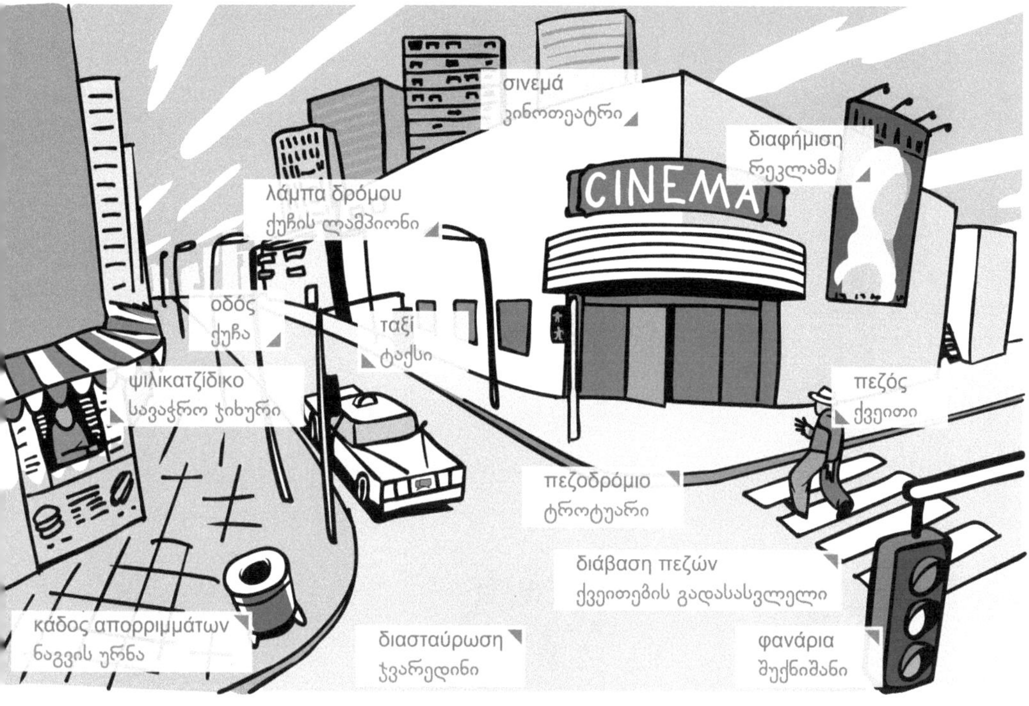
σινεμά
კინოთეატრი
CINEMA
διαφήμιση
რეკლამა
λάμπα δρόμου
ქუჩის ლამპიონი
οδός
ქუჩა
ταξί
ტაქსი
ψιλικατζίδικο
სავაჭრო ჯიხური
πεζός
ქვეითი
πεζοδρόμιο
ტროტუარი
διάβαση πεζών
ქვეითების გადასასვლელი
κάδος απορριμμάτων
ნაგვის ურნა
διασταύρωση
ჯვარედინი
φανάρια
შუქნიშანი

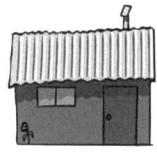

καλύβα

ქოხი

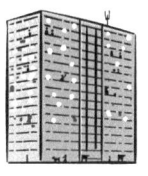

διαμέρισμα

ბინა

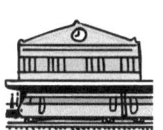

σιδηροδρομικός σταθμός

მატარებლის სადგური

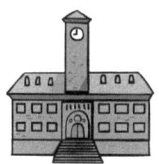

δημαρχείο

მუნიციპალიტეტი

MUSEUM

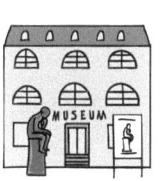

μουσείο

მუზეუმი

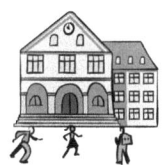

σχολείο

სკოლა

πανεπιστήμιο

უნივერსიტეტი

τράπεζα

ბანკი

νοσοκομείο

საავადმყოფო

ξενοδοχείο

სასტუმრო

φαρμακείο

აფთიაქი

γραφείο

ოფისი

βιβλιοπωλείο

წიგნების მაღაზია

κατάστημα

მაღაზია

ανθοπωλείο

ფლორისტი

σούπερ μάρκετ

სუპერმარკეტი

αγορά

ბაზარი

πολυκατάστημα

მაღაზიის განყოფილება

ιχθυοπωλείο

თევზის გამყიდველი

εμπορικό κέντρο

სავაჭრო ცენტრი

λιμάνι

ნავსადგომი

πάρκο

პარკი

παγκάκι

გრძელი სკამი

γέφυρα

ხიდი

σκάλες

კიბეები

μετρό

მიწისქვეშა გადასასვლელი

τούνελ

გვირაბი

στάση λεωφορείου

ავტობუსის გაჩერება

μπαρ

ბარი

εστιατόριο

რესტორანი

γραμματοκιβώτιο

საფოსტო ყუთი

πινακίδα δρόμου

ქუჩის ნიშანი

παρκόμετρο

პარკინგის საზომი

ζωολογικός κήπος

ზოოპარკი

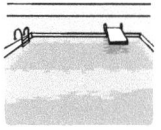

πισίνα

საცურაო აუზი

τζαμί

მეჩეთი

αγρόκτημα

ფერმა

ρύπανση

გარემოს დაბინძურება

νεκροταφείο

სასაფლაო

εκκλησία

ეკლესია

παιδική χαρά

საბავშვო მოედანი

ναός

ტაძარი

τοπίο
ლანდშაფტი

φύλλο
ფოთოლი
πινακίδα κατεύθυνσης
გზის მანიშნებელი ნიშანი
δρόμος
გზა
λιβάδι
მდელო
πέτρα
ქვა
πεζοπόρος
მოგზაური
δέντρο
ხე
ποτάμι
მდინარე
χορτάρι
ბალახი
λουλούδι
ყვავილი

κοιλάδα

ხეობა

λόφος

გორაკი

λίμνη

ტბა

δάσος

ტყე

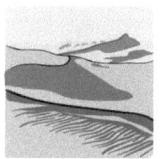

έρημος

უდაბნო

ηφαίστειο

ვულკანი

κάστρο

ციხე

ουράνιο τόξο

ცისარტყელა

μανιτάρι

სოკო

φοίνικας

პალმა

κουνούπι

კოღო

μύγα

ბუზი

μυρμήγκι

ჭიანჭველა

μέλισσα

ფუტკარი

αράχνη

ობობა

σκαθάρι

ხოჭო

βάτραχος

ბაყაყი

σκίουρος

ციყვი

σκαντζόχοιρος

ზღარბი

λαγός

კურდღელი

κουκουβάγια

ბუ

πουλί

ფრინველი

κύκνος

გედი

αγριογούρουνο

ტახი

ελάφι

ირემი

άλκη

ცხენ-ირემი

φράγμα

კაშხალი

ανεμογεννήτρια

ქარის ტურბინა

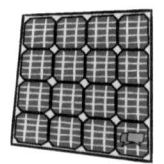

ηλιακός συλλέκτης

მზის ბატარეა

κλίμα

კლიმატი

εστιατόριο
რესტორანი

σερβιτόρος
მიმტანი
κατάλογος
მენიუ
καρέκλα
სკამი
σούπα
სუპი
πίτσα
პიცა
τραπεζομάντιλο
მაგიდაზე გადასაფარებელი
μαχαιροπίρουνα
დანა-ჩანგალი

ορεκτικό

საუზმე

κύριο πιάτο

მთავარი კერძი

επιδόρπιο

დესერტი

ποτά

დასალევი

φαγητό

საჭმელი

μπουκάλι

ბოთლი

φαστ φουντ

სწრაფი კვება

φαγητό στ' όρθιο

ქუჩის საჭმელი

τσαγιέρα

ჩაიდანი

δοχείο ζάχαρης

საშაქრე

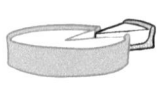

μερίδα

პორცია

μηχανή εσπρέσο

ესპრესოს მანქანა

ψηλή καρέκλα

მაღალი სკამი

λογαριασμός

ანგარიში

δίσκος

ლანგარი

μαχαίρι

დანა

πιρούνι

ჩანგალი

κουτάλι

კოვზი

κουταλάκι του τσαγιού

ჩაის კოვზი

πετσέτα φαγητού

ხელსახოცი

ποτήρι

ჭიქა

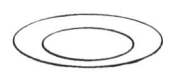

πιάτο

თეფში

πιάτο σούπας

სუპის თეფში

πιατάκι φλιτζανιού

ჩაის ლამბაქი

σάλτσα

საწებელი

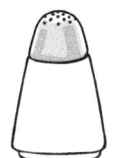

αλατιέρα

სამარილე

μύλος για πιπέρι

წიწაკის საფქვავი

ξύδι

ძმარი

λάδι

ზეთი

μπαχαρικά

სანელებლები

κέτσαπ

კეტჩუპი

μουστάρδα

მდოგვი

μαγιονέζα

მაიონეზი

σούπερ μάρκετ

სუპერმარკეტი

προσφορά
სპეციალური შეთავაზება
FOR
πελάτης
მომხმარებელი
γαλακτοκομικά προϊόντα
რძის ნაწარმი
φρούτα
ხილი
καρότσι για ψώνια
ურიკა

κρεοπωλείο

საყასბო

φούρνος

საცხობი

ζυγίζω

აწონვა

λαχανικά

ბოსტნეული

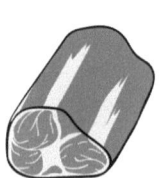

κρέας

ხორცი

κατεψυγμένα τρόφιμα

გაყინული საკვები

αλλαντικά

გრილი ხორცი

κονσερβοποιημένη τροφή

კონსერვები

απορρυπαντικό ρούχων

სარეცხი ფხვნილი

γλυκά

ტკბილეული

οικιακά είδη

საყოფაცხოვრებო
პროდუქტები

καθαριστικά προϊόντα

სარეცხი საშუალებები

πωλήτρια

გამყიდველი

ταμείο

სალარო

ταμίας

მოლარე

λίστα για ψώνια

საყიდლების სია

ωράριο λειτουργίας

მუშაობის საათები

πορτοφόλι

პორტმანი

πιστωτική κάρτα

საკრედიტო ბარათი

τσάντα

ჩანთა

πλαστική σακούλα

პლასტიკური პარკი

ποτά
დასალევი

νερό

წყალი

χυμός

წვენი

γάλα

რძე

κόκα κόλα

კოკა-კოლა

κρασί

ღვინო

μπίρα

ლუდი

αλκοόλ

ალკოჰოლი

κακάο

კაკაო

τσάι

ჩაი

καφές

ყავა

εσπρέσο

ესპრესო

καπουτσίνο

კაპუჩინო

μπανάνα

ბანანი

μήλο

ვაშლი

πορτοκάλι

ფორთოხალი

πεπόνι

საზამთრო

λεμόνι

ლიმონი

καρότο

სტაფილო

σκόρδο

ნიორი

μπαμπού

ბამბუკი

κρεμμύδι

ხახვი

μανιτάρι

სოკო

ξηροί καρποί

კაკალი

νουντλς

ატრია

μακαρόνια

სპაგეტი

ρύζι

ბრინჯი

σαλάτα

სალათი

πατατάκια

ჩიპსები

τηγανητές πατάτες

შემწვარი კარტოფილი

πίτσα

პიცა

χάμπουργκερ

ჰამბურგერი

σάντουιτς

სენდვიჩი

κοτολέτα

კოტლეტი

ζαμπόν

ლორი

σαλάμι

სალიამი

λουκάνικο

ძეხვი

κοτόπουλο

წიწილა

ψητό

შემწვარი ხორცი

ψάρι

თევზი

φαγητό - საჭმელი

χυλός βρώμης

შვრიის ფაფა

μούσλι

მუსლი

κορν φλέικς

სიმინდის ფანტელები

αλεύρι

ფქვილი

κρουασάν

კრუასანი

ψωμάκι

ბულკი

ψωμί

პური

τοστ

ტოსტი

μπισκότα

ნამცხვრები

βούτυρο

კარაქი

τυρόπηγμα

ხაჭო

κέικ

ტორტი

αυγό

კვერცხი

τηγανητό αυγό

ერბო-კვერცხი

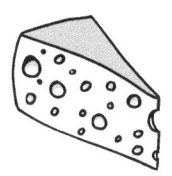

τυρί

ყველი

παγωτό

ნაყინი

ζάχαρη

შაქარი

μέλι

თაფლი

μαρμελάδα

ჯემი

άλλειμμα σοκολάτας

შოკოლადის კრემი

κάρυ

კარი

αγρόκτημα
ფერმა

αγρόσπιτο
სოფლის სახლი
αχυρώνας
თავლა
δεμάτι άχυρου
ჩალის შეკვრა
χωράφι
ყანა
αλόγο
ცხენი
ρυμουλκούμενο
მისაბმელი
τρακτέρ
ტრაქტორი
πουλάρι
კვიცი
γάιδαρος
ვირი
πρόβατο
ცხვარი
αρνί
ცხვარი

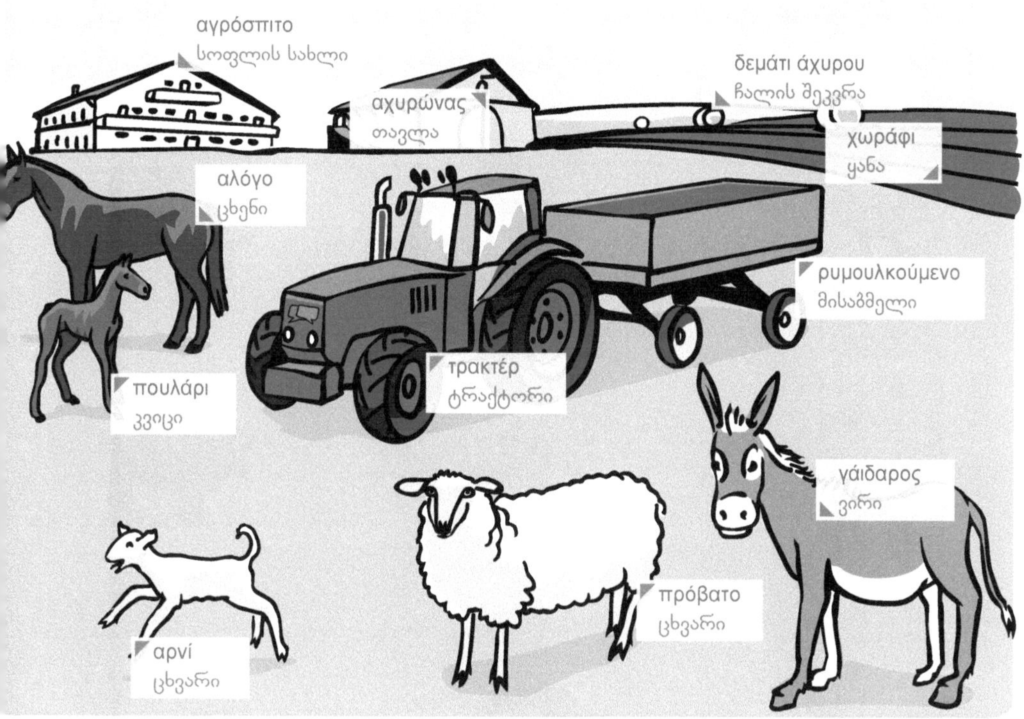

κατσίκα
თხა

αγελάδα
ძროხა

μοσχαράκι
ხბო

γουρούνι
ღორი

γουρουνάκι
გოჭი

ταύρος
ხარი

χήνα

ბატი

πάπια

იხვი

κοτοπουλάκι

წიწილა

κότα

ქათამი

κόκορας

მამალი

αρουραίος

ვირთხა

γάτα

კატა

ποντίκι

თაგვი

βόδι

ხარი

σκύλος

ძაღლი

σπιτάκι σκύλου

საძაღლე

λάστιχο κήπου

ბაღის შლანგი

ποτιστήρι

საბაღე წურწურა

θεριστήρι

ცელი

αλέτρι

გუთანი

δρεπάνι

ნამგალი

τσάπα

თოხი

δίκρανο

პატივის სახვეტი ჩანგალი

τσεκούρι

ცული

χειράμαξα

მაზიდი

ταΐστρα

გობი

δοχείο γάλακτος

რძის ბიდონი

σάκος

ტომარა

φράχτης

ღობე

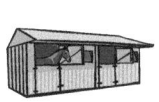

στάβλος

ბოსელი

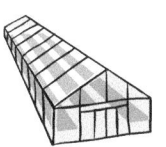

θερμοκήπιο

სათბური

έδαφος

ნიადაგი

σπόρος

თესლი

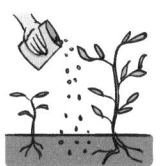

λίπασμα

სასუქი

θεριζοαλωνιστική μηχανή

მოსავლის ამღები კომბაინი

θερίζω

მოსავლის აღება

συγκομιδή

მოსავალი

γιαμς

იამი

σιτάρι

ხორბალი

σόγια

სოიო

πατάτα

კარტოფილი

καλαμπόκι

სიმინდი

κράμβη

სარეველას თესლი

οπωροφόρο δέντρο

ხეხილი

μανιόκα

მანიოკი

δημητριακά

მარცვლეული

σπίτι
სახლი

καμινάδα
ბუხარი
στέγη
სახურავი
υδρορροή
წყალსადინარი მილი
παράθυρο
ფანჯარა
κουδούνι
კარის ზარი
γκαράζ
ავტოფარეხი
πόρτα
კარი
σκουπιδοτενεκές
ნაგვის ყუთი
γραμματοκιβώτιο
საფოსტო ყუთი
κήπος
ბაღი

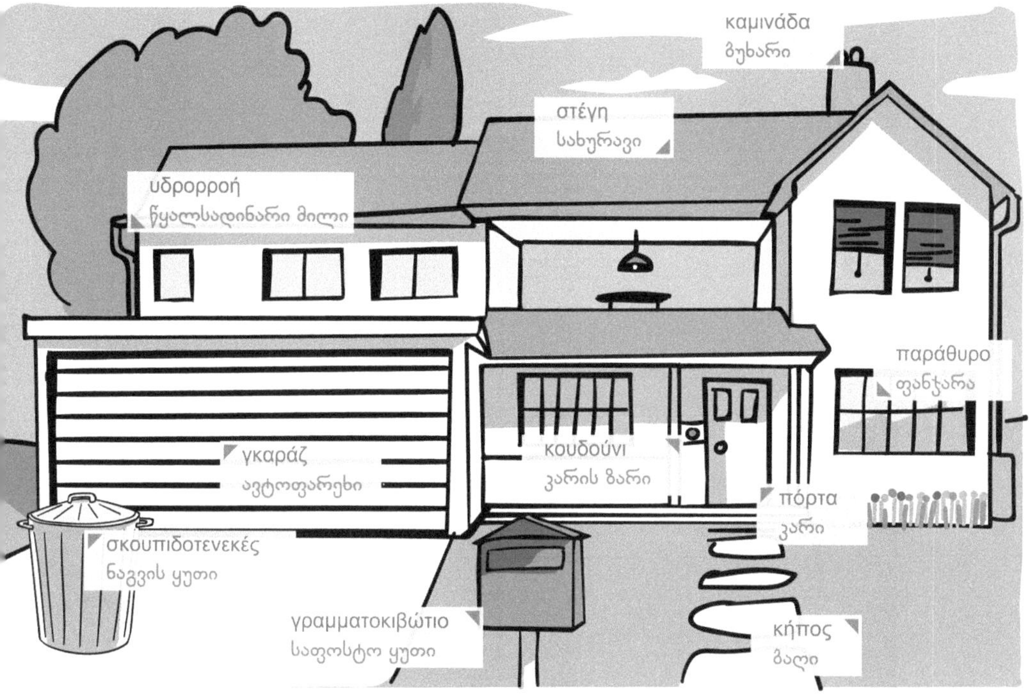

σαλόνι

მისაღები ოთახი

μπάνιο

აბაზანა

κουζίνα

სამზარეულო

υπνοδωμάτιο

საძინებელი

παιδικό δωμάτιο

საბავშვო ოთახი

τραπεζαρία

სასადილო ოთახი

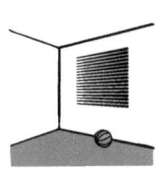

πάτωμα

სართული

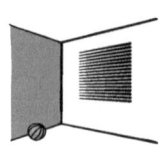

τοίχος

კედელი

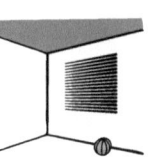

οροφή

ჭერი

κελάρι

სარდაფი

σάουνα

საუნა

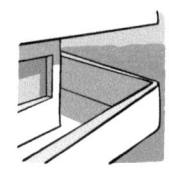

μπαλκόνι

აივანი

βεράντα

ტერასა

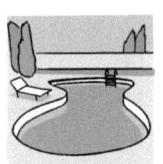

πισίνα

აუზი

μηχανή του γκαζόν

გაზონის საკრეჭი

σεντόνι

საბნის კონვერტი

κάλυμμα κρεβατιού

საწოლი

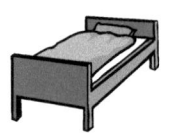

κρεβάτι

ლოგინი

σκούπα

ცოცხი

κουβάς

სათლი

διακόπτης

გადამრთველი

σαλόνι

მისაღები ოთახი

ταπετσαρία
შპალერი
φωτογραφία
ნახატი
λάμπα
ნათურა
ράφι
თარო
ντουλάπι
კარადა
τηλεόραση
ტელევიზორი
τζάκι
ბუხარი
λουλούδι
ყვავილი
μαξιλάρι
ბალიში
καναπές
დივანი
βάζο
ვაზა
τηλεκοντρόλ
დისტანციური მართვა

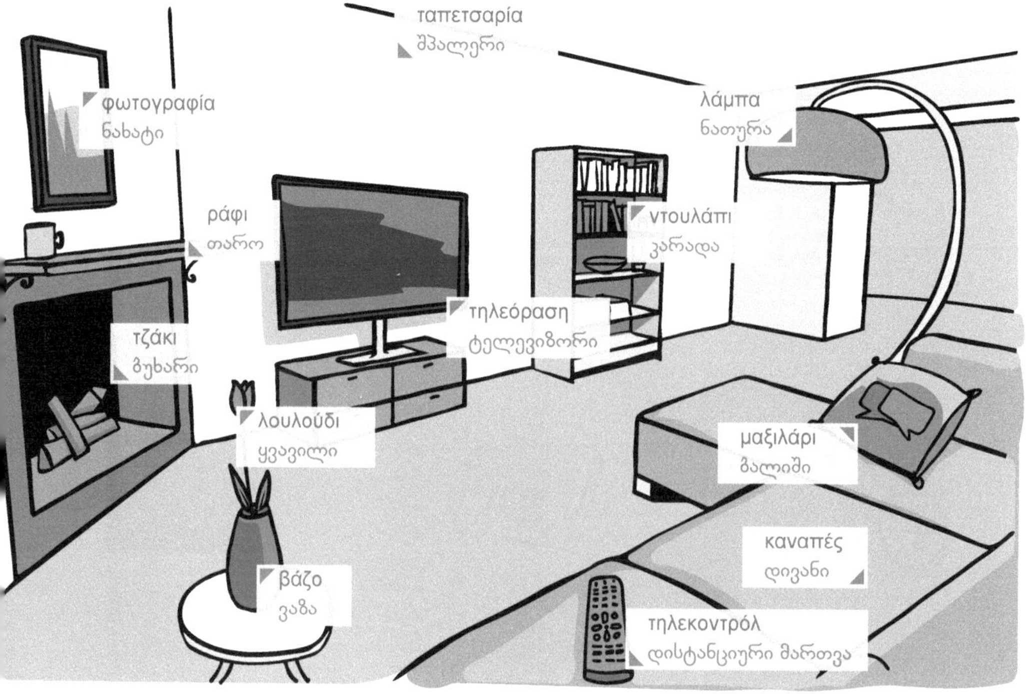

χαλί

ხალიჩა

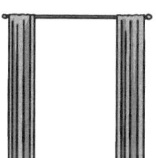

κουρτίνα

ფარდა

τραπέζι

მაგიდა

καρέκλα

სკამი

κουνιστή πολυθρόνα

სარწეველა სკამი

πολυθρόνα

სავარძელი

βιβλίο

წიგნი

κουβέρτα

საბანი

διακόσμηση

დეკორაცია

καυσόξυλα

შეშა

ταινία

ფილმი

στερεοφωνικό σύστημα

hi-fi მოწყობილობები

κλειδί

გასაღები

εφημερίδα

გაზეთი

πίνακας ζωγραφικής

ფერწერა

αφίσα

პლაკატი

ραδιόφωνο

რადიო

σημειωματάριο

ბლოკნოტი

ηλεκτρική σκούπα

მტვერსასრუტი

κάκτος

კაქტუსი

κερί

სანთელი

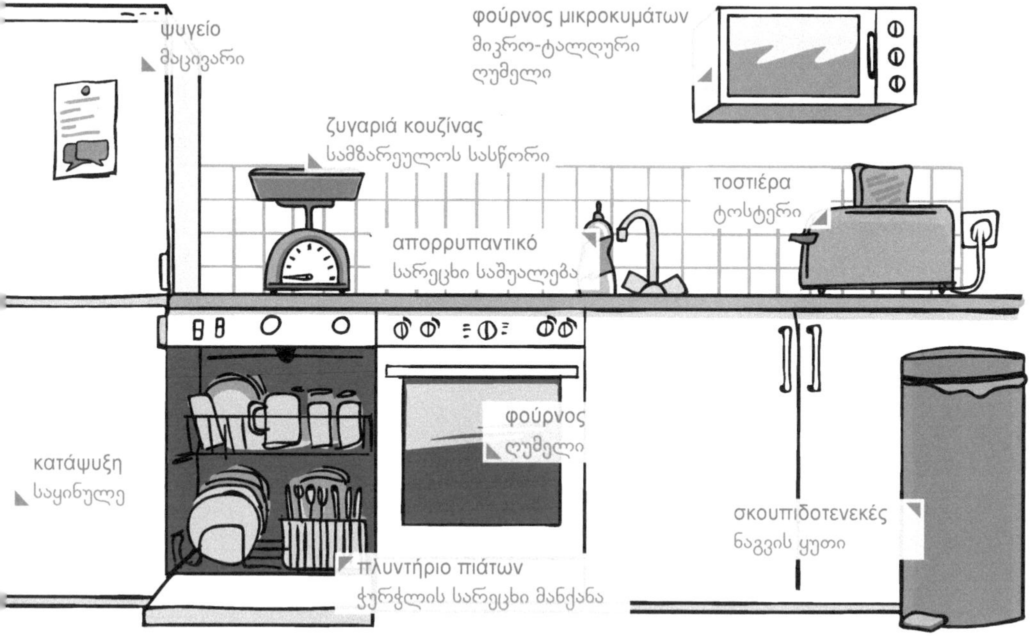

ψυγείο
მაცივარი
φούρνος μικροκυμάτων
მიკრო-ტალღური ღუმელი
ζυγαριά κουζίνας
სამზარეულოს სასწორი
τοστιέρα
ტოსტერი
απορρυπαντικό
სარეცხი საშუალება
φούρνος
ღუმელი
κατάψυξη
საყინულე
σκουπιδοτενεκές
ნაგვის ყუთი
πλυντήριο πιάτων
ჭურჭლის სარეცხი მანქანა

κουζίνα

გაზქურა

κατσαρόλα

ქოთანი

μαντεμένια κατσαρόλα

თუჯის ქვაბი

γουόκ/καντάι

ტაფა ამოზნექილი ფსკერით

τηγάνι

ტაფა

βραστήρας

ჩაიდანი

κουζίνα - სამზარეულო 35

ατμομάγειρας

ორთქლსახარში

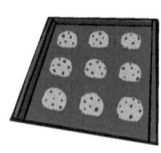

ταψί

საცხობი ლანგარი

πιατικά

ჭურჭელი

κούπα

კათხა

μπολ

თასი

ξυλάκια

ჩინური ჩხირები

κουτάλα

ჩამჩა

σπάτουλα

ფითხი

ανακατεύω

სათქვეფელა

σουρωτήρι

საწური

σουρωτηράκι

საცერი

τρίφτης

სახეხი

γουδί

სანაყი

ψησταριά

გრილი

ανοιχτή φωτιά

კოცონი

σανίδα κοπής

დაფა

πλάστης

საგორავი

ανοιχτήρι φελλών

ბურღი

κονσέρβα

ქილა

ανοιχτήρι κονσέρβας

ქილის გასახსნელი

γάντι φούρνου

ქოთნის დამჭერი

νεροχύτης

ნიჟარა

βούρτσα

ფუნჯი

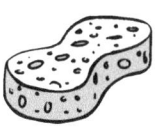

σφουγγάρι

ღრუბელი

μπλέντερ

ბლენდერი

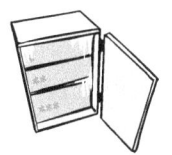

καταψύκτης

საყინულე კამერა

μπιμπερό

საბავშვო ბოთლი

βρύση

ონკანი

μπάνιο
აბაზანა

θέρμανση
გათბობა
πετσέτα
პირსახოცი
ντους
შხაპი
κουρτίνα ντουζ
საშხაპე ფარდა
αφρόλουτρο
ღრუბლიანი აბანო
μπανιέρα
ვანა
ποτήρι
ჭიქა
πλυντήριο ρούχων
სარეცხი მანქანა
βρύση
ონკანი
πλακάκια
ფილები
γιογιό
ღამის ქოთანი
νεροχύτης
ნიჟარა

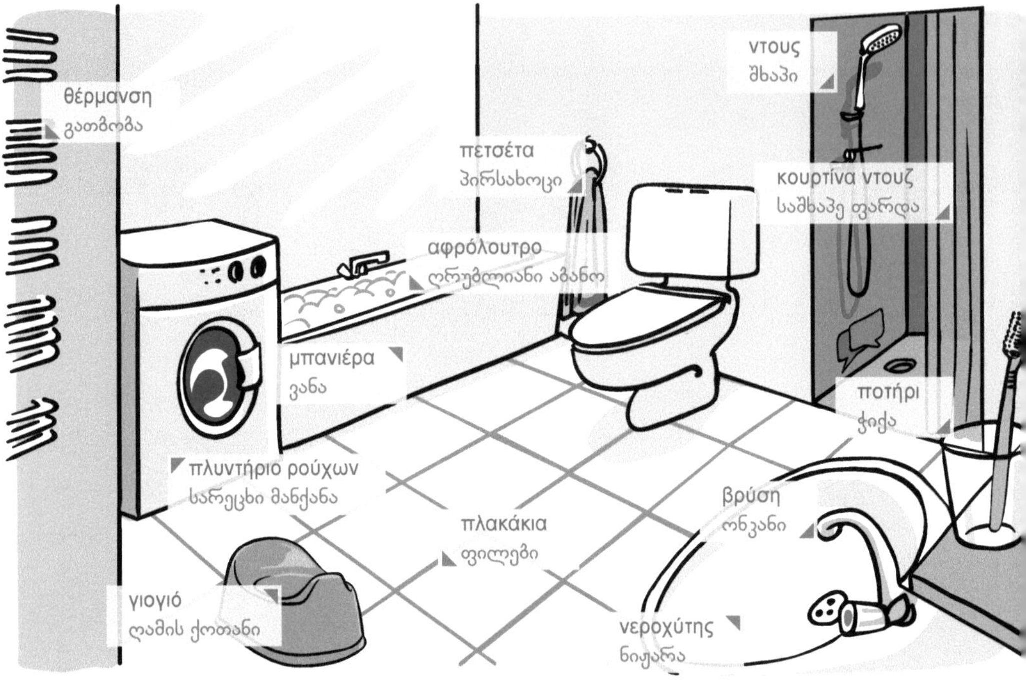

τουαλέτα

ტუალეტი

τούρκικη τουαλέτα

იატაკის ტუალეტი

μπιντές

ბიდე

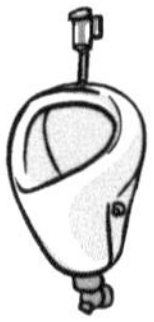

ουρητήριο

კედლის პისუარი

χαρτί υγείας

ტუალეტის ქაღალდი

πιγκάλ

ტუალეტის ჯაგრისი

οδοντόβουρτσα

კბილის ჯაგრისი

οδοντόκρεμα

კბილის პასტა

οδοντικό νήμα

კბილის ძაფი

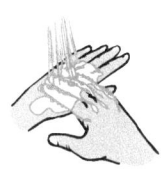

πλένω

რეცხვა

τηλέφωνο ντους

ხელის შხაპი

ντουσιέρα

ინტიმური შხაპი

λεκάνη

ტაშტი

βούρτσα πλάτης

ზურგის სახეხი ფუნჯი

σαπούνι

საპონი

αφρόλουτρο

შხაპის გელი

σαμπουάν

შამპუნი

φανέλα

ნეჭა

σιφόνι

სანიაღვრე

κρέμα

კრემი

αποσμητικό

დეოდორანტი

καθρέφτης

სარკე

καθρέφτης χειρός

ხელის სარკე

ξυραφάκι

ბრიტვა

αφρός ξυρίσματος

საპარსი ქაფი

αφτερσέιβ

საშუალება გაპარსვის შემდეგ

χτένα

სავარცხელი

βούρτσα

ჯაგრისი

σεσουάρ

თმის საშრობი

λακ

თმის ლაქი

μακιγιάζ

კოსმეტიკა

κραγιόν

ტუჩების პომადა

βερνίκι νυχιών

ფრჩხილის ლაქი

βαμβάκι

ბამბა

ψαλίδι νυχιών

ფრჩხილის მაკრატელი

άρωμα

სუნამო

νεσεσέρ

კოსმეტიკის ჩანთა

σκαμπό

ტაბურეტი

ζυγαριά

სასწორი

μπουρνούζι

სააბაზანო ხალათი

ελαστικά γάντια

რეზინის ხელთათმანები

ταμπόν

ტამპონი

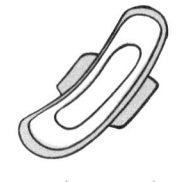

πετσέτα υγιεινής

სანიტარული პირსახოცი

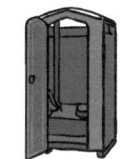

χημική τουαλέτα

ბიო-ტუალეტი

παιδικό δωμάτιο
საბავშვო ოთახი

ξυπνητήρι
მაღვიძარა
λούτρινο ζωάκι
რბილი სათამაშო
αυτοκινητάκι
სათამაშო მანქანა
κουδουνίστρα
ჩხარუნა სათამაშო
κουκλόσπιτο
თოჯინების სახლი
δώρο
საჩუქარი

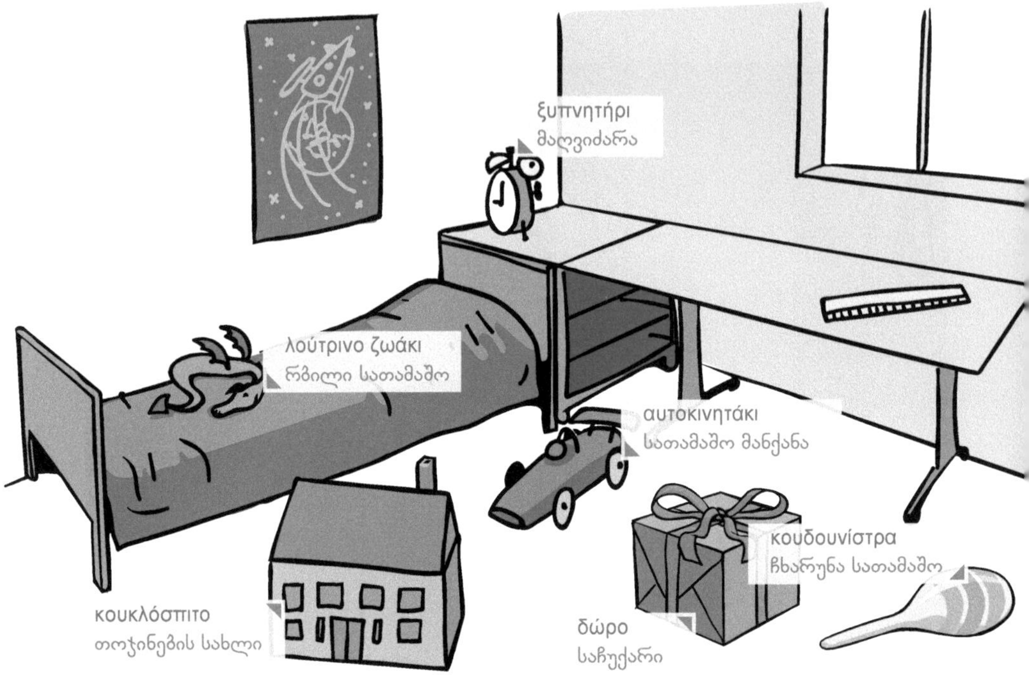

μπαλόνι

ბუშტი

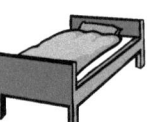

κρεβάτι

ლოგინი

καροτσάκι

საბავშვო ეტლი

τράπουλα

კარტის თამაში

παζλ

პაზლი

κόμικς

კომიკსი

τουβλάκια lego

ლეგოს აგურები

τουβλάκια κατασκευών

ასაშენებელი კუბიკები

φιγούρα δράσης

სათამაშო ფიგურა

βρεφικό φορμάκι

საცოცავი

φρίσμπι

ფრისბი

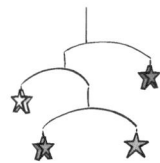

μόμπιλο

მობილე

επιτραπέζιο παιχνίδι

სამაგიდო თამაში

ζάρια

კამათელი

σετ τρενάκι

რკინიგზის მოდელი

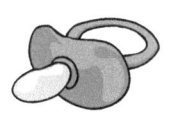

πιπίλα

საწოვარა

πάρτι

წვეულება

εικονογραφημένο βιβλίο

წიგნი ნახატებით

μπάλα

ბურთი

κούκλα

თოჯინა

παίζω

თამაში

σκάμμα με άμμο

საქვიშარი

κούνια

საქანელა

παιχνίδια

სათამაშოები

κονσόλα βιντεοπαιχνιδιών

ვიდეო თამაშის კონსოლი

τρίκυκλο

სამთვლიანი ველოსიპედი

αρκουδάκι

დათუნია

ντουλάπα

გარდერობი

ρούχα
ტანსაცმელი

κάλτσες

წინდები

καλτσοδέτες

ჩულქები

καλσόν

კოლგოტები

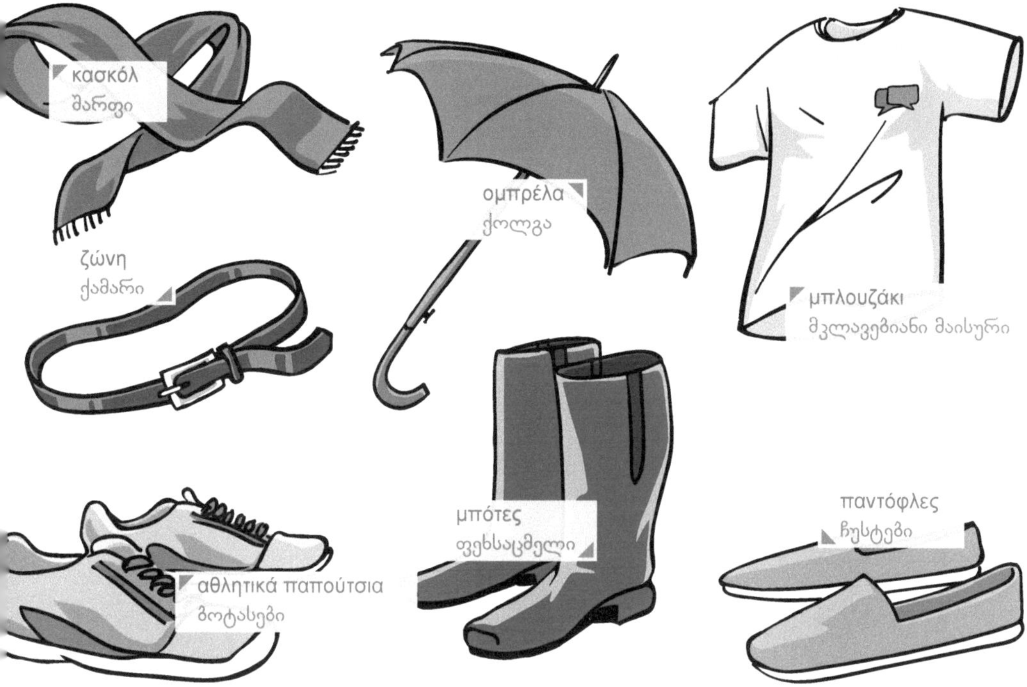

κασκόλ
შარფი
ομπρέλα
ქოლგა
ζώνη
ქამარი
μπλουζάκι
მკლავებიანი მაისური
μπότες
ფეხსაცმელი
παντόφλες
ჩუსტები
αθλητικά παπούτσια
ბოტასები

σανδάλια

სანდლები

παπούτσια

ფეხსაცმელი

γαλότσες

რეზინის ჩექმები

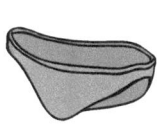

εσώρουχο

ტრუსები

σουτιέν

ბიუსჰალტერი

φανέλα

მაისური

σώμα

სხეული

παντελόνι

შარვალი

τζιν παντελόνι

ჯინსი

φούστα

ქვედაკაბა

μπλούζα

ბლუზი

πουκάμισο

პერანგი

πουλόβερ

სვიტრი

πουλόβερ

კაპიუშონიანი ჟაკეტი

σακάκι

სპორტული ქურთუკი

μπουφάν

ჟაკეტი

παλτό

პალტო

αδιάβροχο πανωφόρι

საწვიმარი

κοστούμι

კოსტუმი

φόρεμα

კაბა

νυφικό

საქორწილო კაბა

κοστούμι

კაცის კოსტიუმი

νυχτικό

ღამის პერანგი

πιτζάμες

პიჟამოები

σάρι

სარი

μαντήλι

თავშალი

τουρμπάνι

ტურბანი

μπούρκα

ჩადრი

καφτάνι

ხიფთანი

μουσουλμανικό ένδυμα

აბაია

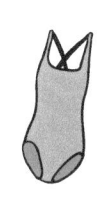

ολόσωμο μαγιό

საცურაო კოსტუმი

ανδρικό μαγιό

ჩემოდნები

σορτς

შორტები

αθλητική φόρμα

სპორტული კოსტიუმი

ποδιά

წინსაფარი

γάντια

ხელთათმანები

κουμπί

ღილი

γυαλιά

სათვალეები

βραχιόλι

სამაჯური

περιδέραιο

ყელსაბამი

δαχτυλίδι

ბეჭედი

σκουλαρίκι

საყურე

καπέλο

კეპი

κρεμάστρα

საკიდი

καπέλο

ქუდი

γραβάτα

ჰალსტუხი

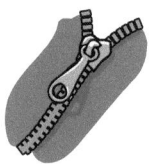

φερμουάρ

ელვა-შესაკრავის შეკვრა

κράνος

ჩაფხუტი

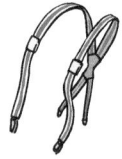

τιράντες

აჭიმი

μαθητική στολή

სკოლის ფორმა

στολή

ფორმა

σαλιάρα

ბავშვის წინსაფარი

πιπίλα

საწოვარა

πάνα

პამპერსი

γραφείο

ოფისი

σέρβερ
სერვერი
αρχειοθήκη
საკანცელარიო კარადა
εκτυπωτής
პრინტერი
χαρτί
ქაღალდი
οθόνη
მონიტორი
ποντίκι
თაგვი
γραφείο
მაგიდა
ντοσιέ
საქაღალდე
πληκτρολόγιο
კლავიატურა
λάθι αχρήστων
ლათა ნარჩენი ქაღალდებისათვის
υπολογιστής
კომპიუტერი
καρέκλα
სკამი

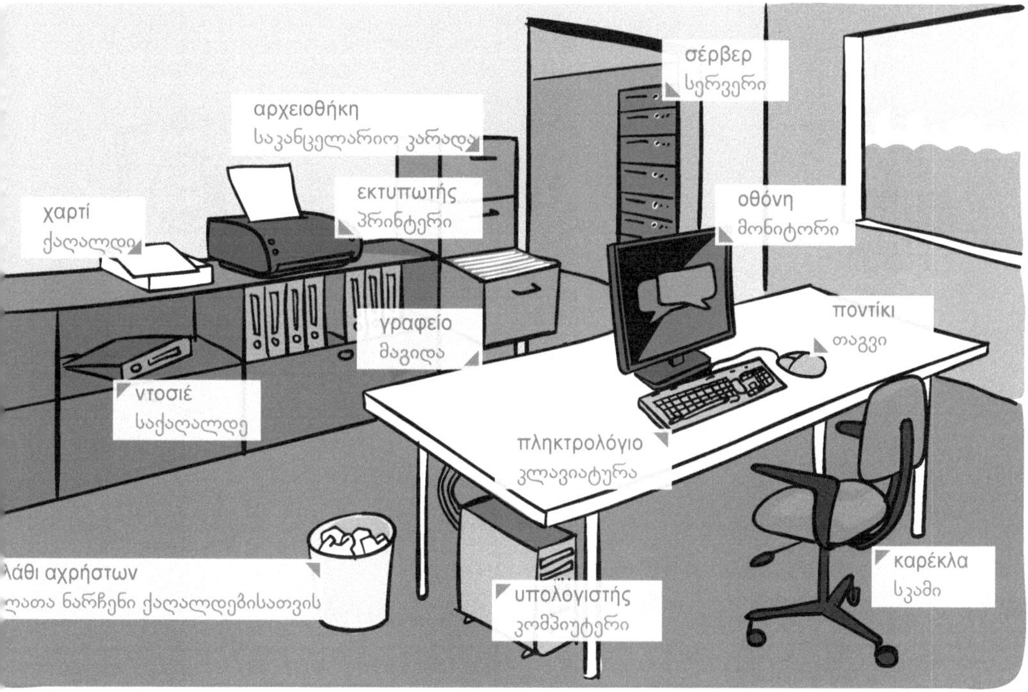

κούπα του καφέ

ყავის ფინჯანი

κομπιουτεράκι

კალკულატორი

ίντερνετ

ინტერნეტი

γραφείο - ოფისი 49

λάπτοπ

ლეპტოპი

γράμμα

წერილი

μήνυμα

მესიჯი

κινητό

მობილური ტელეფონი

δίκτυο

ქსელი

φωτοτυπικό μηχάνημα

სკანერი

λογισμικό

პროგრამული
უზრუნველყოფა

τηλέφωνο

ტელეფონი

πρίζα

როზეტი

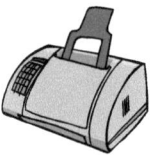

συσκευή φαξ

ფაქსის მანქანა

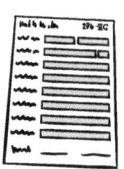

έντυπο

ფორმულარი

έγγραφο

დოკუმენტი

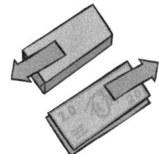

οικονομία

ეკონომიკა

αγοράζω

ყიდვა

πληρώνω

გადახდა

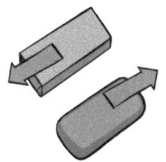

συναλλάσσομαι

ვაჭრობა

χρήματα

ფული

δολάριο

დოლარი

ευρώ

ევრო

γιεν

იენი

ρούβλι

რუბლი

ελβετικό φράγκο

შვეიცარული ფრანკი

ρενμίνμπι γιουάν

ჟენმინბი იუანი

ρουπία

რუპი

ATM (αυτόματη ταμειακή μηχανή)

ბანკომატი

ανταλλακτήρια συναλλάγματος

ვალუტის გადაცვლის პუნქტი

χρυσός

ოქრო

ασήμι

ვერცხლი

πετρέλαιο

ნავთობი

ενέργεια

ენერგია

τιμή

ფასი

συμβόλαιο

ხელშეკრულება

φόρος

გადასახადი

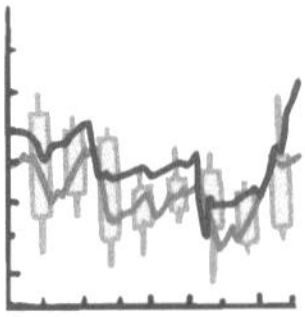

μετοχή

აქცია

δουλεύω

მუშაობა

υπάλληλος

თანამშრომელი

εργοδότης

დამსაქმებელი

εργοστάσιο

ქარხანა

κατάστημα

მაღაზია

επαγγέλματα
პროფესიები

αστυνόμος
პოლიციის ოფიცერი
πυροσβέστης
მეხანძრე
μάγειρας
მზარეული
γιατρός
ექიმი
πιλότος
მფრინავი

κηπουρός

მებაღე

ξυλουργός

დურგალი

μοδίστρα

თეთრეულის მკერავი ქალბატონი

δικαστής

მოსამართლე

χημικός

ქიმიკოსი

ηθοποιός

მსახიობი

οδηγός λεωφορείου

ავტობუსის მძღოლი

ταξιτζής

ტაქსის მძღოლი

ψαράς

მეთევზე

καθαρίστρια

დამლაგებელი ქალბატონი

τεχνίτης στεγών

სახურავის ოსტატი

σερβιτόρος

მიმტანი

κυνηγός

მონადირე

ζωγράφος

ფერმწერი

αρτοποιός

მცხობელი

ηλεκτρολόγος

ელექტრიკოსი

οικοδόμος

მშენებელი

μηχανολόγος

ინჟინერი

κρεοπώλης

ყასაბი

υδραυλικός

სანტექნიკოსი

ταχυδρόμος

ფოსტალიონი

στρατιώτης

ჯარისკაცი

αρχιτέκτονας

არქიტექტორი

ταμίας

მოლარე

ανθοπώλης

ფლორისტი

κομμωτής

პარიკმახერი

ελεγκτής εισιτηρίων

კონდუქტორი

μηχανικός

მექანიკოსი

καπετάνιος

კაპიტანი

οδοντίατρος

სტომატოლოგი

επιστήμονας

მეცნიერი

ραβίνος

რაბინი

ιμάμης

იმამი

μοναχός

ბერი

ιερέας

სასულიერო პირი

εργαλεία
იარაღები

σφυρί
ჩაქუჩი
πένσα
ბრტყელტუჩა
κατσαβίδι
სახრახნისი
Γαλλικό κλειδί
ქანჩის გასაღები
φακός
ჯიბის სანათი

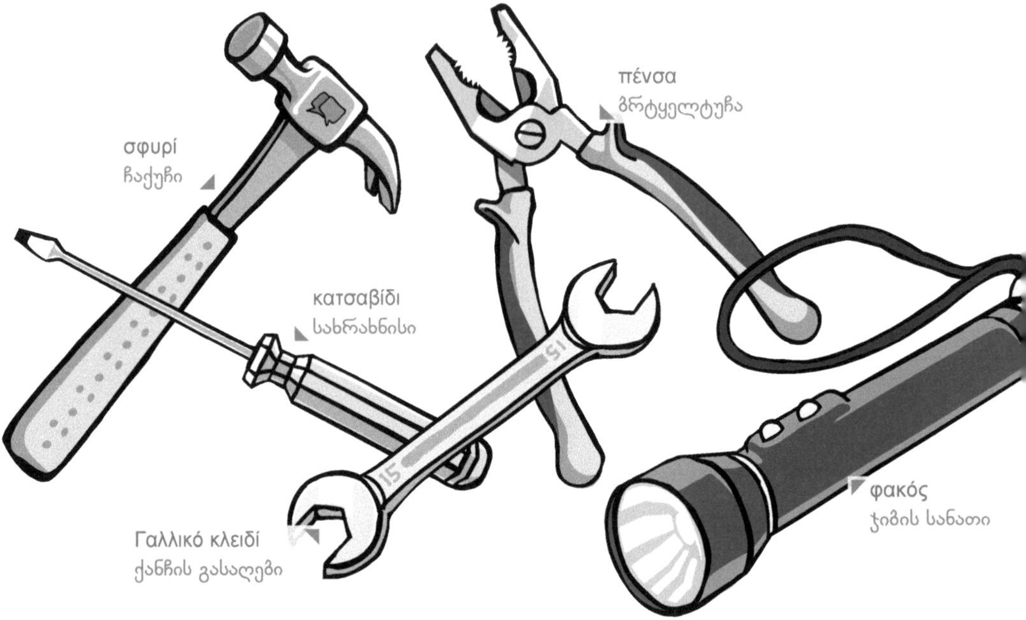

εκσκαφέας

ექსკავატორი

εργαλειοθήκη

იარაღების ყუთი

σκάλα

კიბე

πριόνι

ხერხი

καρφιά

ლურსმები

τρυπάνι

საბურღი

επισκευάζω

შეკეთება

φτυάρι

ნიჩაბი

Να πάρει!

ანდაა!

φαράσι

აქანდაზი

δοχείο χρωμάτων

საღებავის ქოთანი

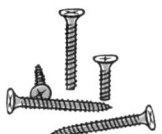

βίδες

ხრახნები

μουσικά όργανα
მუსიკალური ინსტრუმენტები

ντραμς
დასარტყამი ინსტრუმენტების კრებული

μεγάφωνο
რეპროდუქტორი

κοντραμπάσο
კონტრაბასი

τρομπέτα
საყვირი

κιθάρα
გიტარა

πιάνο

ფორტეპიანო

βιολί

ვიოლინო

μπάσο

ბასი

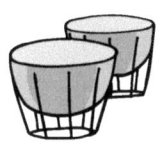

τύμπανα

ტიმპანონი

τύμπανο

დასარტყამები

πλήκτρα

კლავიშები

σαξόφωνο

საქსოფონი

φλάουτο

ფლეიტა

μικρόφωνο

მიკროფონი

ζωολογικός κήπος
ზოოპარკი

είσοδος
შესასვლელი
τίγρης
ვეფხვი
κλουβί
გალია
ζέβρα
ზებრა
ζωοτροφή
ცხოველთა საკვები
πάντα
პანდა

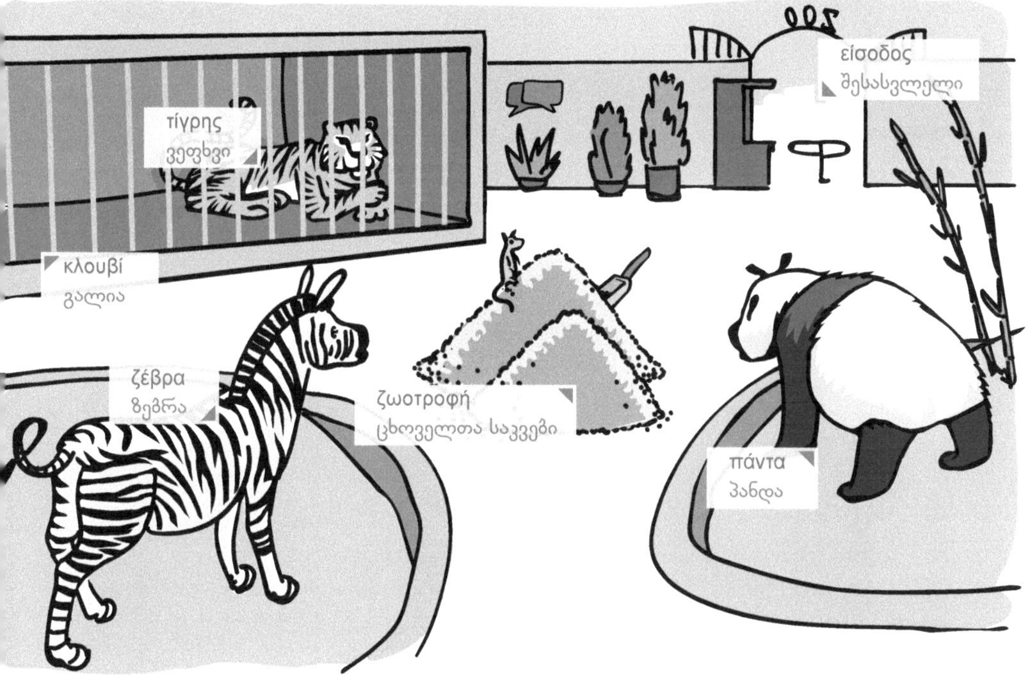

ζώα
ცხოველები

ελέφαντας
სპილო

καγκουρό
კენგურუ

ρινόκερος
მარტორქა

γορίλας
გორილა

αρκούδα
დათვი

καμήλα

აქლემი

στρουθοκάμηλος

სირაქლემა

λιοντάρι

ლომი

πίθηκος

მაიმუნი

φλαμίνγκο

ფლამინგო

παπαγάλος

თუთიყუში

πολική αρκούδα

პოლარული დათვი

πιγκουίνος

პინგვინი

καρχαρίας

ზვიგენი

παγώνι

ფარშევანგი

φίδι

გველი

κροκόδειλος

ნიანგი

φύλακας ζωολογικού κήπου

ზოოპარკის მფლობელი

φώκια

სელაპი

τζάγκουαρ

იაგუარი

πόνυ

პონი

λεοπάρδαλη

ლეოპარდი

ιπποπόταμος

ბეჰემოტი

καμηλοπάρδαλη

ჟირაფი

αετός

არწივი

αγριογούρουνο

ტახი

ψάρι

თევზი

χελώνα

კუ

θαλάσσιος ίππος

მორჟი

αλεπού

მელა

γαζέλα

გაზელი

αθλήματα

სპორტი

Αμερικάνικο ποδόσφαιρο
ამერიკული ფეხბურთი
ποδηλασία
ველოსპორტი
αντισφαίριση
ჩოგბურთი
μπάσκετ
კალათბურთი
κολύμβηση
ცურვა
კრივი
χόκεϋ επί πάγου
ყინულის ჰოკეი

ποδόσφαιρο

ფეხბურთი

μπάντμιντον

ბადმინტონი

στίβος

მძლეოსნობა

χάντμπολ

ხელბურთი

σκι

სათხილამურო სპორტი

πόλο

წყლის პოლო

δραστηριότητες
მოქმედებები

γελάω
დაცინვა
πηδάω
გადახტომა
αγκαλιάζω
ჩახუტება
περπατάω
τραγουδάω
სიმღერა
ονειρεύομαι
ოცნებობა
προσεύχομαι
ლოცვა
φιλάω
კოცნა

γράφω

წერა

σχεδιάζω

დახატვა

δείχνω

ჩვენება

πιέζω

დაჭერა

δίνω

მიცემა

παίρνω

აღება

έχω

ქონა

κάνω

კეთება

είμαι

ყოფნა

στέκομαι

დგომა

τρέχω

გარბენა

τραβάω

მოქაჩვა

ρίχνω

გადაყრა

πέφτω

დაცემა

ξαπλώνω

ტყუილის თქმა

περιμένω

მოცდენა

κουβαλώ

ტარება

κάθομαι

ჯდომა

φοράω

ჩაცმა

κοιμάμαι

ძილი

ξυπνάω

გაღვიძება

κοιτάω

....

დათვალიერება

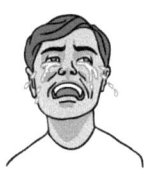

κλαίω

....

ტირილი

χαϊδεύω

....

გაუთოება

χτενίζω

....

დავარცხნა

μιλάω

....

ლაპარაკი

καταλαβαίνω

....

გაგება

ρωτάω

....

შეკითხვა

ακούω

....

მოსმენა

πίνω

....

დალევა

τρώω

....

ჭამა

συγυρίζω

....

დალაგება

αγαπάω

....

ყვარება

μαγειρεύω

....

კერძების მზადება

οδηγώ

....

სვლა

πετάω

....

ფრენა

κάνω ιστιοπλοΐα

აფრის ქვეშ სიარული

υπολογίζω

გამოთვლა

διαβάζω

წაკითხვა

μαθαίνω

შესწავლა

δουλεύω

მუშაობა

παντρεύομαι

ქორწინება

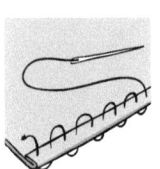

ράβω

კერვა

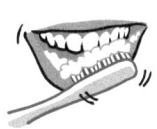

βουρτσίζω τα δόντια

კბილების ხეხვა

σκοτώνω

მოკვლა

καπνίζω

მოწევა

στέλνω

გაგზავნა

γιαγιά
ბებია

παππούς
ბაბუა

πατέρας
მამა

μητέρα
დედა

μωρό
ბავშვი

κόρη
ქალიშვილი

γιος
ვაჟიშვილი

καλεσμένος
სტუმარი

θεία
დეიდა

θείος
ბიძა

αδελφός
ძმა

αδελφή
და

σώμα
სხეული

μέτωπο
შუბლი
μάτι
თვალი
ώμος
მხარი
δάχτυλο
თითი
πρόσωπο
სახე
πιγούνι
ნიკაპი
χέρι
ხელი
πόδι
ფეხი
στήθος
მკერდი
βραχίονας
მკლავი

μωρό

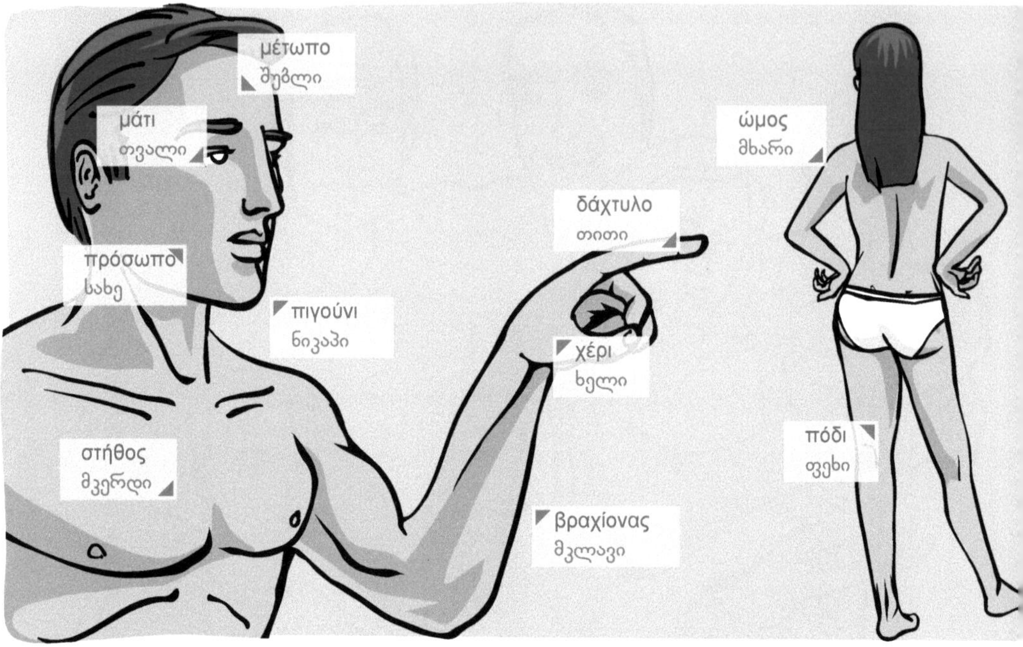

ბავშვი

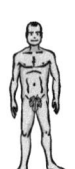

άνδρας

კაცი

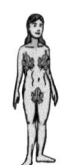

γυναίκα

ქალი

κορίτσι

გოგო

αγόρι

ბიჭი

κεφάλι

თავი

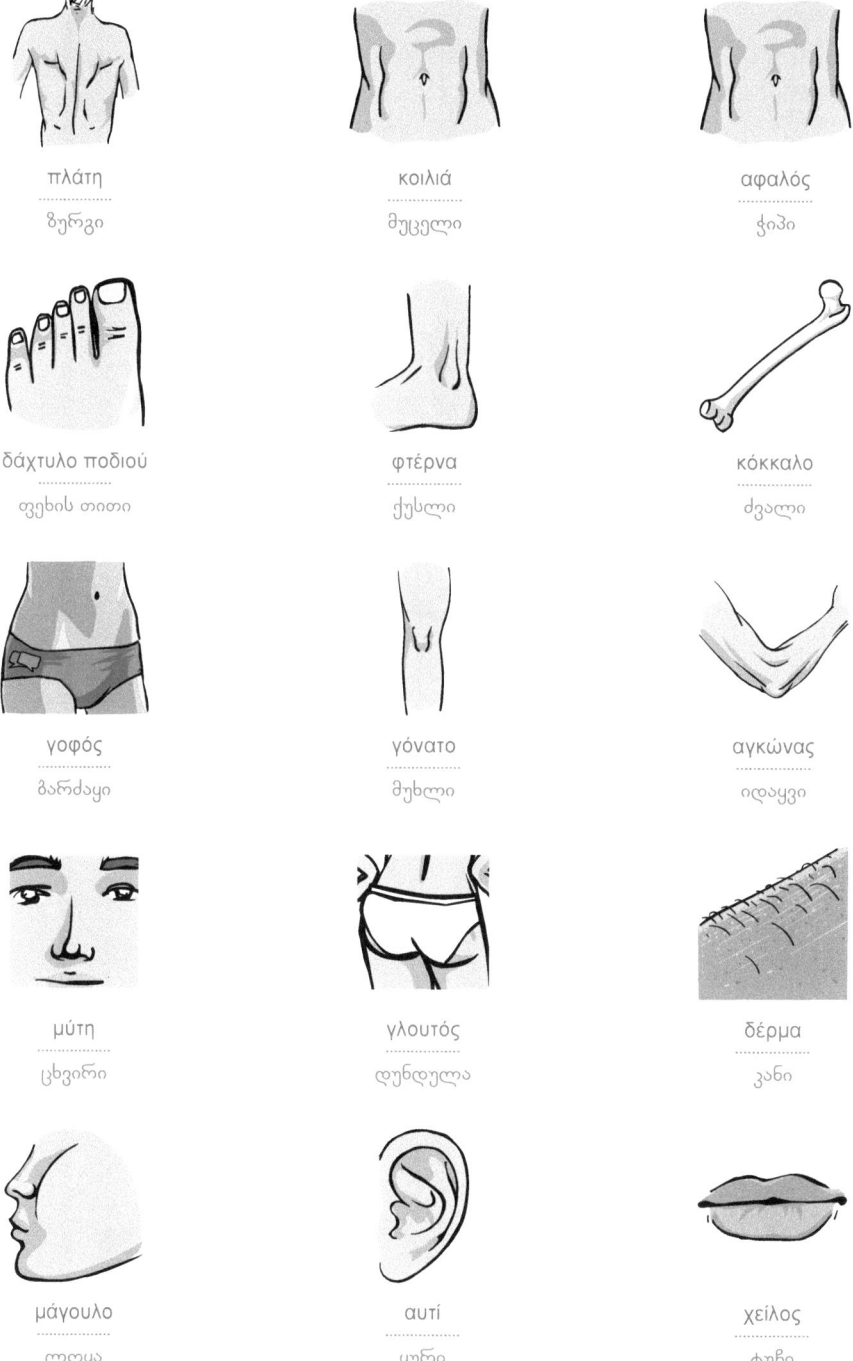

πλάτη
ზურგი

κοιλιά
მუცელი

αφαλός
ჭიპი

δάχτυλο ποδιού
ფეხის თითი

φτέρνα
ქუსლი

κόκκαλο
ძვალი

γοφός
ბარძაყი

γόνατο
მუხლი

αγκώνας
იდაყვი

μύτη
ცხვირი

γλουτός
დუნდულა

δέρμα
კანი

μάγουλο
ლოყა

αυτί
ყური

χείλος
ტუჩი

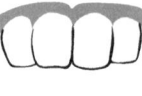

στόμα

პირი

δόντι

კბილი

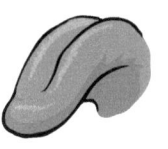

γλώσσα

ენა

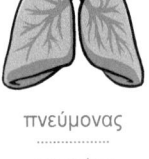

εγκέφαλος

ტვინი

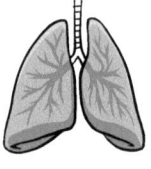

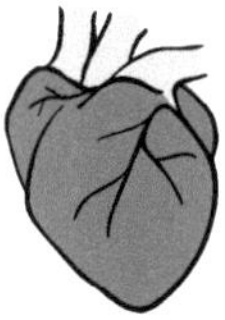

καρδιά

გული

μυς

კუნთი

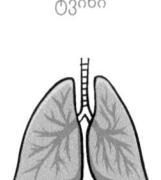

πνεύμονας

ფილტვი

συκώτι

ღვიძლი

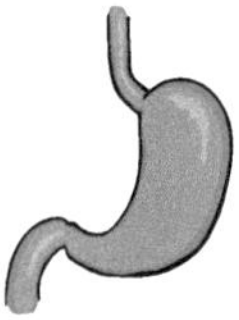

στομάχι

კუჭი

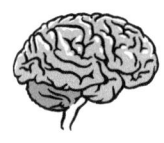

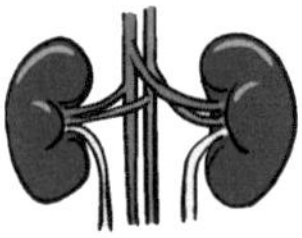

νεφρά

თირკმელები

σεξουαλική επαφή

სექსი

προφυλακτικό

პრეზერვატივი

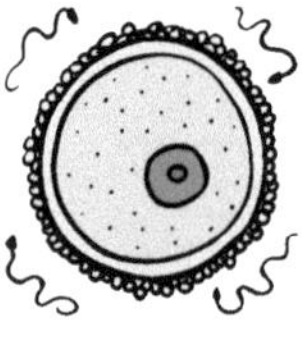

ωάριο

კვერცხუჯრედი

σπέρμα

სპერმა

εγκυμοσύνη

ორსულობა

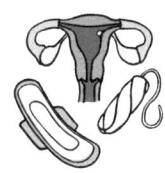

περίοδος

მენსტრუაცია

γυναικείος κόλπος

საშო

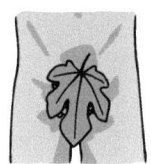

πέος

პენისი

φρύδι

წარბი

μαλλιά

თმა

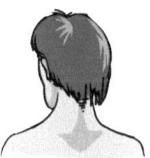

λαιμός

კისერი

νοσοκομείο
საავადმყოფო

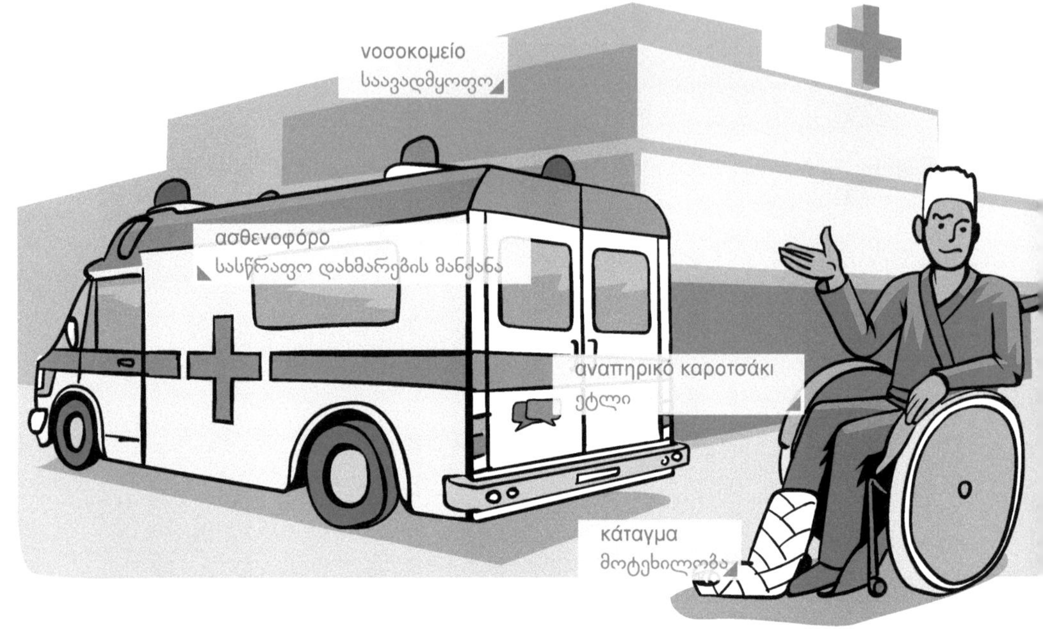

νοσοκομείο
საავადმყოფო
ασθενοφόρο
სასწრაფო დახმარების მანქანა
αναπηρικό καροτσάκι
ეტლი
κάταγμα
მოტეხილობა

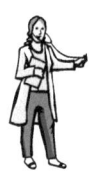

γιατρός

ექიმი

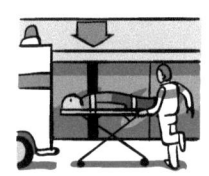

μονάδα εντατικής θεραπείας

პირველი დახმარების ოთახი

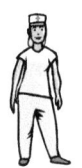

νοσοκόμα

მედდა

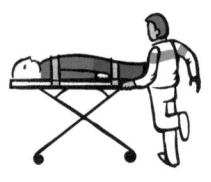

έκτακτη ανάγκη

გადაუდებელი შემთხვევა

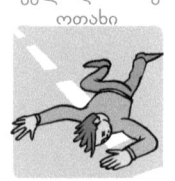

λιπόθυμος

უგონოდ მყოფი

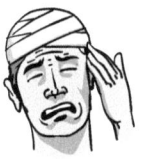

πόνος

ტკივილი

τραύμα

დაზიანება

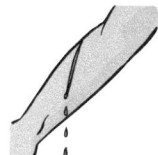

αιμορραγία

სისხლდენა

έμφραγμα

გულის შეტევა

εγκεφαλικό

ინსულტი

αλλεργία

ალერგია

βήχας

ხველა

πυρετός

ცხელება

γρίπη

გრიპი

διάρροια

დიარეა

πονοκέφαλος

თავის ტკივილი

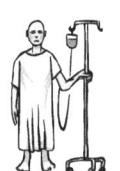

καρκίνος

კიბო

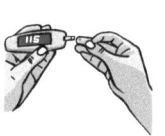

διαβήτης

დიაბეტი

χειρουργός

ქირურგი

νυστέρι

სკალპელი

εγχείρηση

ოპერაცია

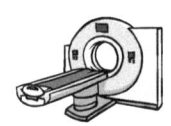

αξονική τομογραφία

კ**ტ**

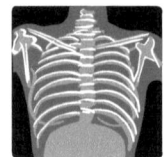

ακτινογραφία

რენტგენი

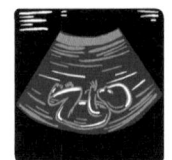

υπέρηχος

ულტრაბგერა

μάσκα

ნიღაბი

ασθένεια

დაავადება

αίθουσα αναμονής

მოსაცდელი ოთახი

πατερίτσα

ყავარჯენი

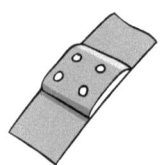

χάνσαπλαστ

თაბაშირი

επίδεσμος

ბინტი

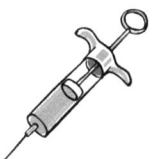

ένεση

ინექცია

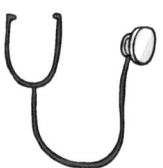

στηθοσκόπιο

სტეტოსკოპი

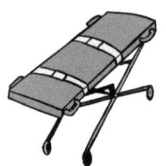

φορείο

საკაცე

θερμόμετρο

თერმომეტრი

γέννηση

დაბადება

υπέρβαρο

ჭარბი წონა

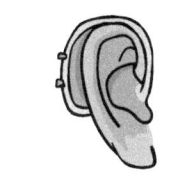

ακουστικό βαρηκοΐας

სმენის აპარატი

αντισηπτικό

სადეზინფექციო საშუალება

λοίμωξη

ინფექცია

ιός

ვირუსი

HIV/AIDS

აივ / შიდსი

φάρμακο

წამალი

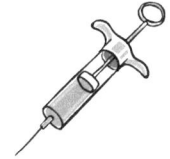

εμβολιασμός

ვაქცინაცია

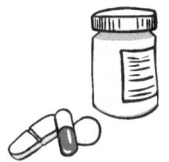

δισκία

ტაბლეტები

χάπι

აბი

κλήση έκτακτης ανάγκης

გადაუდებელი გამოძახება

πιεσόμετρο αίματος

წნევის საზომი აპარატი

άρρωστος / υγιής

ავადმყოფი / ჯანმრთელი

έκτακτη ανάγκη
გადაუდებელი შემთხვევა

Βοήθεια!

დამეხმარეთ!

συναγερμός

განგაში

βιαιοπραγία

თავდასხმა

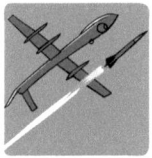

επίθεση

შეტევა

κίνδυνος

საფრთხე

έξοδος κινδύνου

სათადარიგო გასასვლელი

Φωτιά!

ხანძარი!

πυροσβεστήρας

ცეცხლსაქრობი

ατύχημα

უბედური შემთხვევა

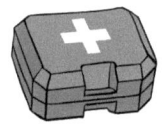

κουτί πρώτων βοηθειών

პირველადი დახმარების აფთიაქი

SOS

SOS

αστυνομία

პოლიცია

Ευρώπη

ევროპა

Βόρεια Αμερική

ჩრდილოეთ ამერიკა

Νότια Αμερική

სამხრეთ ამერიკა

Αφρική

აფრიკა

Ασία

აზია

Αυστραλία

ავსტრალია

Ατλαντικός Ωκεανός

ატლანტიკა

Ειρηνικός Ωκεανός

წყნარი ოკეანე

Ινδικός Ωκεανός

ინდოეთის ოკეანე

Ανταρκτικός Ωκεανός

ანტარქტიკის ოკეანე

Αρκτικός Ωκεανός

ჩრდილოეთის ყინულოვანი
ოკეანე

Βόρειος Πόλος

ჩრდილოეთ პოლუსი

Νότιος Πόλος
....
სამხრეთ პოლუსი

Ανταρκτική
....
ანტარქტიდა

Γη
....
დედამიწა

γη
....
ხმელეთი

θάλασσα
....
ზღვა

νησί
....
კუნძული

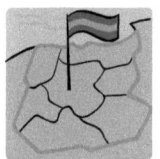

έθνος
....
ერი

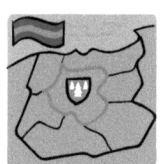

πολιτεία
....
სახელმწიფო

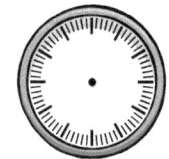

ρολόι
საათი

καντράν ρολογιού

ციფერბლატი

ωροδείκτης

საათების ისარი

λεπτοδείκτης

წუთების ისარი

δείκτης δευτερολέπτων

წამების ისარი

Τι ώρα είναι;

რომელი საათია?

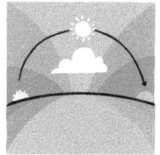

ημέρα

დღე

χρόνος

დრო

τώρα

ახლა

ψηφιακό ρολόι

ციფრული საათი

λεπτό

წუთი

ώρα

საათი

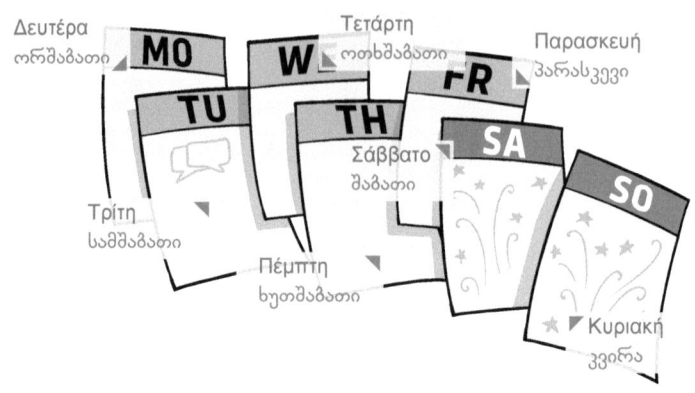

Δευτέρα ორშაბათი

Τετάρτη ოთხშაბათი

Παρασκευή პარასკევი

Τρίτη სამშაბათი

Σάββατο შაბათი

Πέμπτη ხუთშაბათი

Κυριακή კვირა

χθες
გუშინ

σήμερα
დღეს

αύριο
ხვალ

πρωί
დილა

μεσημέρι
შუადღე

βράδυ
საღამო

MO	TU	WE	TH	FR	SA	SU
1	2	3	4	5	6	7
8	9	10	11	12	13	14
15	16	17	18	19	20	21
22	23	24	25	26	27	28
29	30	31	1	2	3	4

εργάσιμες ημέρες
სამუშაო დღეები

MO	TU	WE	TH	FR	SA	SU
1	2	3	4	5	6	7
8	9	10	11	12	13	14
15	16	17	18	19	20	21
22	23	24	25	26	27	28
29	30	31	1	2	3	4

Σαββατοκύριακο
შაბათი-კვირა

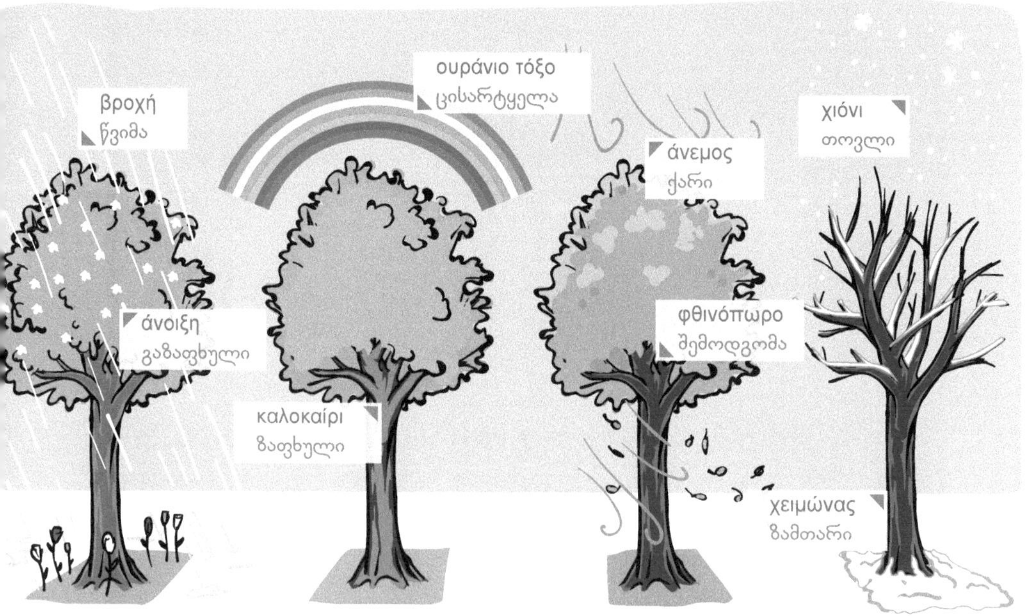

βροχή
წვიმა

ουράνιο τόξο
ცისარტყელა

χιόνι
თოვლი

άνεμος
ქარი

άνοιξη
გაზაფხული

φθινόπωρο
შემოდგომა

καλοκαίρι
ზაფხული

χειμώνας
ზამთარი

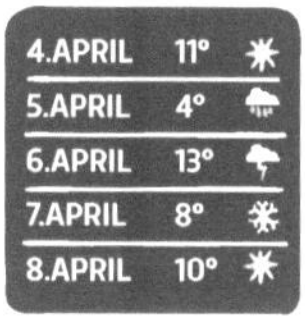

4.APRIL	11°	☀
5.APRIL	4°	🌧
6.APRIL	13°	🌧
7.APRIL	8°	☀
8.APRIL	10°	☀

πρόγνωση καιρού

ამინდის პროგნოზი

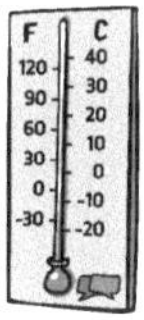

θερμόμετρο

თერმომეტრი

λιακάδα

მზის სხივი

σύννεφο

ღრუბელი

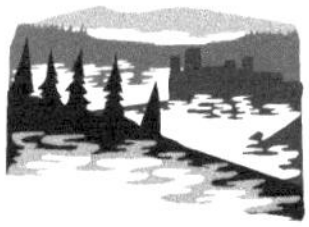

ομίχλη

ნისლი

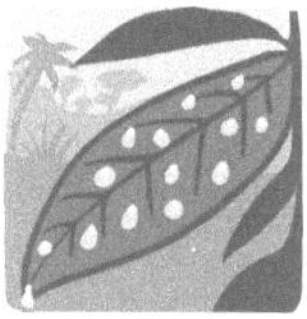

υγρασία

ტენიანობა

αστραπή

ელვა

κεραυνός

ქუხილი

καταιγίδα

შტორმი

χαλάζι

სეტყვა

μουσώνας

მუსონი

πλημμύρα

წყალდიდობა

πάγος

ყინული

Ιανουάριος

იანვარი

Φεβρουάριος

თებერვალი

Μάρτιος

მარტი

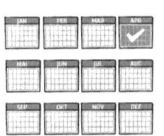

Απρίλιος

აპრილი

Μάιος

მაისი

Ιούνιος

ივნისი

Ιούλιος

ივლისი

Αύγουστος

აგვისტო

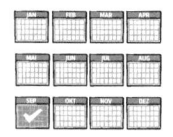

Σεπτέμβριος

სექტემბერი

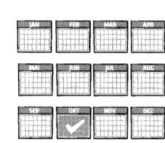

Οκτώβριος

ოქტომბერი

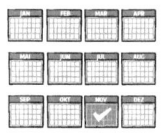

Νοέμβριος

ნოემბერი

Δεκέμβριος

დეკემბერი

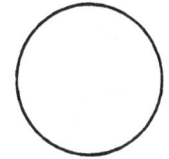

σχήματα
ფორმები

κύκλος

წრე

τετράγωνο

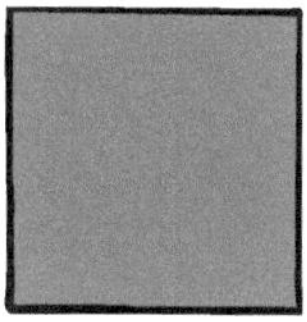

კვადრატი

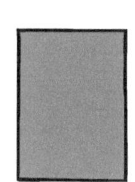

ορθογώνιο παραλληλόγραμμο

მართკუთხედი

τρίγωνο

სამკუთხედი

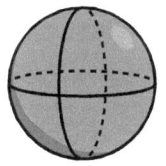

σφαίρα

სფერო

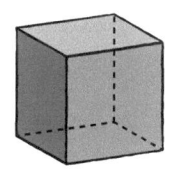

κύβος

კუბი

χρώματα
ფერები

άσπρο

თეთრი

κίτρινο

ყვითელი

πορτοκαλί

ნარინჯისფერი

ροζ

ვარდისფერი

κόκκινο

წითელი

μωβ

იისფერი

μπλε

ცისფერი

πράσινο

მწვანე

καφέ

ყავისფერი

γκρι

ნაცრისფერი

μαύρο

შავი

αντίθετα
საპირისპიროები

πολύ / λίγο

ბევრი / ცოტა

θυμωμένος / ήρεμος

გაბრაზებული / მშვიდი

όμορφος / άσχημος

ლამაზი / მახინჯი

αρχή / τέλος

დასაწყისი / დასასრული

μεγάλος / μικρός

დიდი / პატარა

φωτεινός / σκοτεινός

ნათელი / მუქი

αδελφός / αδελφή

ძმა / და

καθαρός / λερωμένος

სუფთა / ჭუჭყიანი

πλήρης / ατελής

სრული / არასრული

ημέρα / νύχτα

დღე / ღამე

νεκρός / ζωντανός

მკვდარი / ცოცხალი

φαρδύς / στενός

განიერი / ვიწრო

βρώσιμος / μη βρώσιμος

საჭმელად ვარგისი /
საჭმელად უვარგისი

κακός / ευγενικός

ბოროტი / კეთილი

ενθουσιασμένος /
βαριεστημένος

შთამბეჭდავი / მოსაწყენი

παχύς / λεπτός

სქელი / თხელი

πρώτος / τελευταίος

პირველი / ბოლო

φίλος / εχθρός

მეგობარი / მტერი

γεμάτος / άδειος

სრული / ცარიელი

σκληρός / μαλακός

მყარი / რბილი

βαρύς / ελαφρύς

მძიმე / მსუბუქი

πείνα / δίψα

მოშიებული / მწყურვალე

άρρωστος / υγιής

ავადმყოფი / ჯანმრთელი

παράνομος / νόμιμος

არალეგალური /
ლეგალური

έξυπνος / χαζός

ინტელექტუალი / სულელი

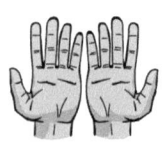

αριστερός / δεξιός

მარცხენა / მარჯვენა

κοντινός / μακρινός

ახლოს / შორს

καινούριος / μεταχειρισμένος

ახალი / გამოყენებული

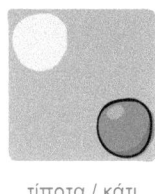

τίποτα / κάτι

არაფერი / რაღაცა

γέρος / νέος

მოხუცი / ახალგაზრდა

αναμμένος / σβηστός

ჩართვა / გამორთვა

ανοιχτός / κλειστός

ღია / დახურული

χαμηλόφωνος / μεγαλόφωνος

ჩუმი / ხმამაღალი

πλούσιος / φτωχός

მდიდარი / ღარიბი

σωστός / λανθασμένος

მართალი / მტყვანი

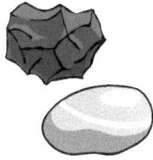

τραχύς / λείος

უხეში / გლუვი

λυπημένος / χαρούμενος

სევდიანი / ბედნიერი

κοντός / μακρύς

მოკლე / გრძელი

αργός / γρήγορος

ნელი / სწრაფი

υγρός / στεγνός

სველი / მშრალი

ζεστός / δροσερός

თბილი / გრილი

πόλεμος / ειρήνη

ომი / მშვიდობა

αριθμοί
რიცხვები

0	1	2
μηδέν	ένα	δύο
ნული	ერთი	ორი
3	4	5
τρία	τέσσερα	πέντε
სამი	ოთხი	ხუთი
6	7	8
έξι	εφτά	οκτώ
ექვსი	შვიდი	რვა
9	10	11
εννιά	δέκα	έντεκα
ცხრა	ათი	თერთმეტი

12
δώδεκα
თორმეტი

13
δεκατρία
ცამეტი

14
δεκατέσσερα
თოთხმეტი

15
δεκαπέντε
თხუთმეტი

16
δεκαέξι
თექვსმეტი

17
δεκαεφτά
ჩვიდმეტი

18
δεκαοκτώ
თვრამეტი

19
δεκαεννέα
ცხრამეტი

20
είκοσι
ოცი

100
εκατό
ასი

1.000
χίλια
ათასი

1.000.000
εκατομμύριο
მილიონი

γλώσσες

ენები

Αγγλικά

ინგლისური

Αμερικάνικα Αγγλικά

ამერიკული ინგლისური

Μανδαρίνικα Κινέζικα

ჩინური მანდარინი

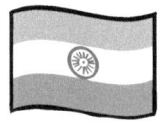

Χίντι

ჰინდი

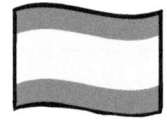

Ισπανικά

ესპანური

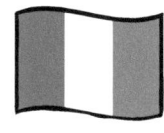

Γαλλικά

ფრანგული

Αραβικά

არაბული

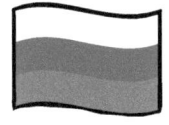

Ρώσικα

რუსული

Πορτογαλικά

პორტუგალიური

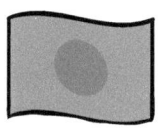

Μπενγκάλι

ბენგალური

Γερμανικά

გერმანული

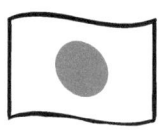

Ιαπωνικά

იაპონური

ποιος / τι / πως
ვინ / რა / როგორ

εγώ

მე

εσύ

შენ

αυτός / αυτή / αυτό

ის / ის / იგი

εμείς

ჩვენ

εσείς

თქვენ

αυτοί / αυτές / αυτά

ისინი

ποιος / ποια / ποιο;

ვინ?

τι;

რა?

πώς;

როგორ?

πού;

სად?

πότε;

როდის?

όνομα

სახელი

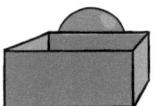

που

სად

πίσω

უკან

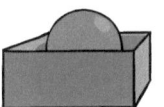

μέσα

შიგნით

μπροστά

წინ

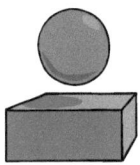

πάνω από

ზედ

πάνω

=-ზე

κάτω

ქვეშ

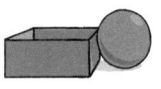

δίπλα

გვერდით

ανάμεσα

შორის

μέρος

ადგილი